月 日

月 日

月 日

月 日

月 日

月 日

月 日

ほぼ日手帳

月　日

月　日

月　日

月　日

月　日

月　日

月　日

手帳用
マスキング
テープ

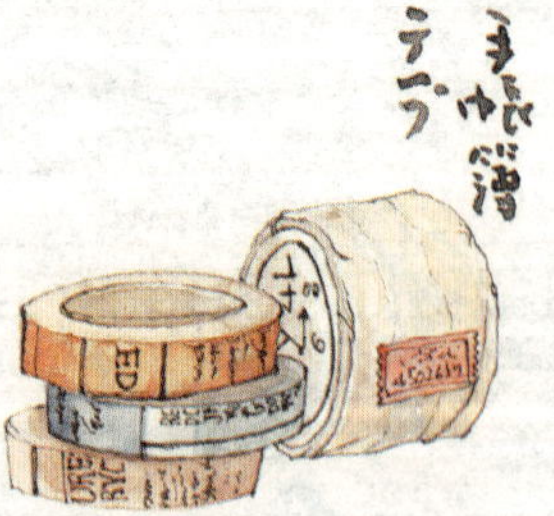

月　日

月　日

月　日

月　日

月　日

月　日

月　日

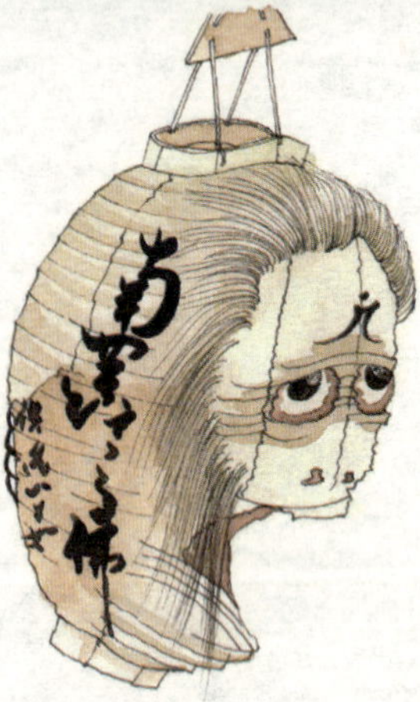

月　日

月　日

月　日

月　日

月　日

月　日

月　日

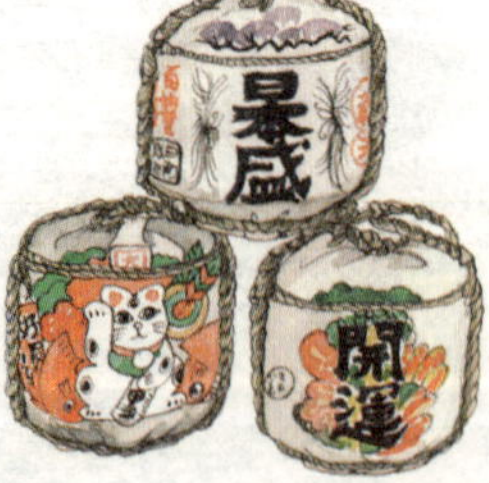
開運

月　日

月　日

月　日

月　日

月　日

月　日

月　日

食べ処
飲み処
食べ処
飲み処

月　日

月　日

月　日

月　日

月　日

月　日

月　日

月 日

月 日

月 日

月 日

月 日

月 日

月 日

夏
ADMIT ONE

月　日

月　日

月　日

月　日

月　日

月　日

月　日

月　日

月　日

月　日

月　日

月　日

月　日

月　日

仓敷意匠
素描家

月 日

月 日

月 日

月 日

月 日

月 日

月 日

MUJI
無印良品

月　日

月　日

月　日

月　日

月　日

月　日

月　日

月 日

月 日

月 日

月 日

月 日

月 日

月 日

月　日

月　日

月　日

月　日

月　日

月　日

月　日

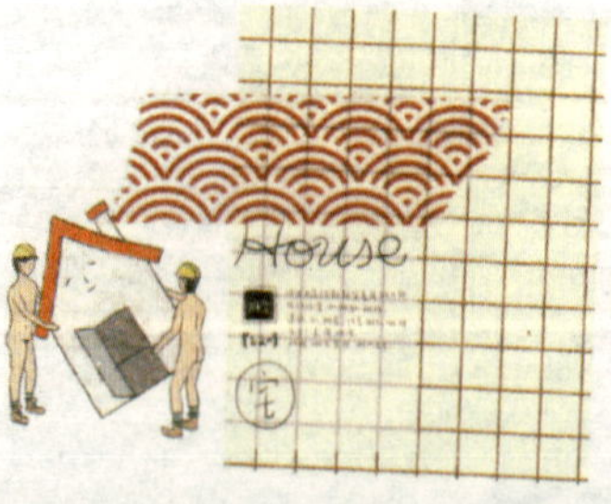
House

月　日

月　日

月　日

月　日

月　日

月　日

月　日

一世界

月　日

月　日

月　日

月　日

月　日

月　日

月　日

月　日

出巢馬鹿
京都無礼

月　日

月　日

月　日

月　日

月　日

月　日

月　日

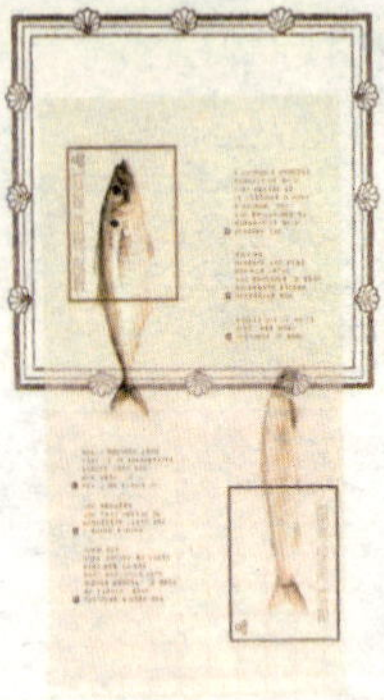

月 日

月 日

月 日

月 日

月 日

月 日

月 日

帰還

月　日

月　日

月　日

月　日

月　日

月　日

月　日

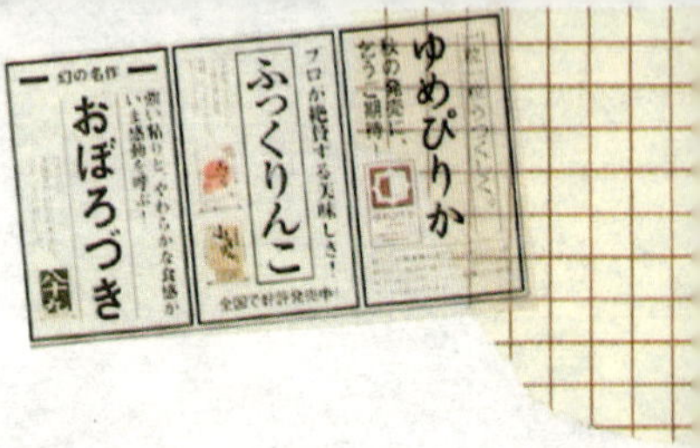
幻の名作
おぼろづき
プロが絶賛する美味しさ！
ふっくりんこ
全国で好評発売中
ゆめぴりか

月 日

月 日

月 日

月 日

月 日

月 日

月 日

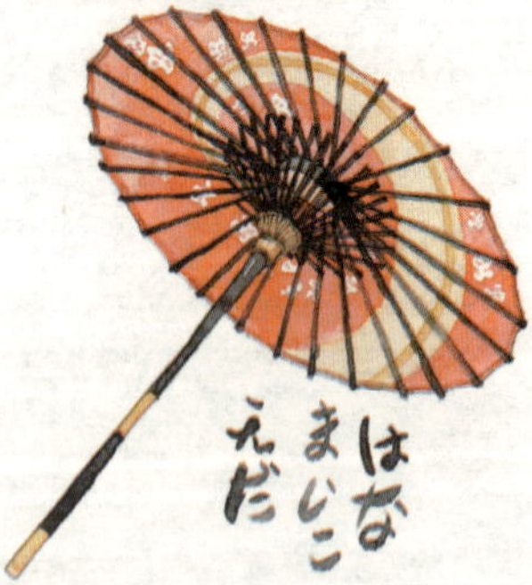
はな
まいこ
えだ

月 日

月 日

月 日

月 日

月 日

月 日

月 日

泉全国夫妇鄉土玩具蒐集
大福寿
健康

月　日

月　日

月　日

月　日

月　日

月　日

月　日

Tsubame de Marché

ツバメルシェ

月　日

月　日

月　日

月　日

月　日

月　日

月　日

しんしん堂

月　日

月　日

月　日

月　日

月　日

月　日

月　日

月　日

月　日

月　日

月　日

月　日

月　日

月　日

学業

しあわせ

月 日

月 日

月 日

月 日

月 日

月 日

月 日

山とみ

月　日

月　日

月　日

月　日

月　日

月　日

月　日

どぜう汁
酢たこ

月　日

月　日

月　日

月　日

月　日

月　日

月　日

月　日

月　日

月　日

月　日

月　日

月　日

月　日

祭

月　日

月　日

月　日

月　日

月　日

月　日

月　日

月 日

月 日

月 日

月 日

月 日

月 日

月 日

月　日

月　日

月　日

月　日

月　日

月　日

月　日

月 日

月 日

月 日

月 日

月 日

月 日

月 日

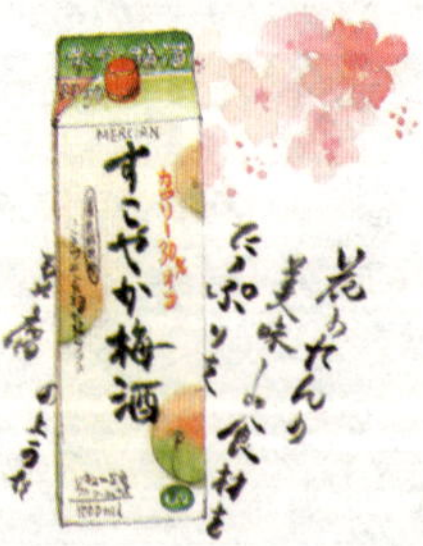

美味しい食材を
MERCIAN
すこやか梅酒

月　日

月　日

月　日

月　日

月　日

月　日

月　日

月　日

月　日

月　日

月　日

月　日

月　日

月　日

月　日

月　日

月　日

月　日

月　日

月　日

月　日

一樂拉面

月　日

月　日

月　日

月　日

月　日

月　日

月　日

お〜いお茶
濃い味
お湯かけ
茶漬

月　日

月　日

月　日

月　日

月　日

月　日

月　日

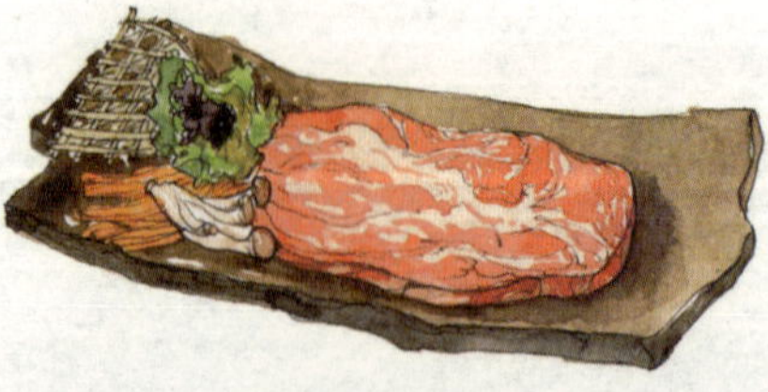

月　日

月　日

月　日

月　日

月　日

月　日

月　日

魚松飯
配紅香腸
紅香腸兩粒・香腸・生
菜・西兰花

月　日

月　日

月　日

月　日

月　日

月　日

月　日

月　日

月　日

月　日

月　日

月　日

月　日

月　日

茶泡饭
深夜食堂2

月 日

月 日

月 日

月 日

月 日

月 日

月 日

荚竹鱼干

月　日

月　日

月　日

月　日

月　日

月　日

月　日

烧鱼卵

Thinking
私は思います

月　日

月　日

月　日

月　日

月　日

月　日

月　日

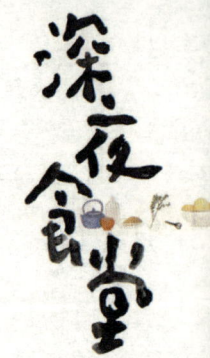

月 日

月 日

月 日

月 日

月 日

月 日

月 日

食
特制双层
烤鳗鱼饭

月　日

月　日

月　日

月　日

月　日

月　日

月　日

月　日

月　日

月　日

月　日

月　日

月　日

月　日

食
烤肉

月　日

月　日

月　日

月　日

月　日

月　日

月　日

食
关东煮

月　日

月　日

月　日

月　日

月　日

月　日

月　日

BREAD
ANIMALS!

月　日

月　日

月　日

月　日

月　日

月　日

月　日

月　日

月　日

月　日

月　日

月　日

月　日

月　日

月　日

月　日

月　日

月　日

月　日

月　日

月　日

おすすめ推荐
はっ
とおっ
よっ

月　日

月　日

月　日

月　日

月　日

月　日

月　日

月　日

月　日

月　日

月　日

月　日

月　日

月　日

月　日

月　日

月　日

月　日

月　日

月　日

月　日

月　日

日本盛
日本盛
特撰

月　日

月　日

月　日

月　日

月　日

月　日

月　日

しろあん
いちご
大福

月　日

月　日

月　日

月　日

月　日

月　日

月　日

月　日

月　日

月　日

月　日

月　日

月　日

月　日

月 日

月 日

月 日

月 日

月 日

月 日

月 日

月　日

月　日

月　日

月　日

月　日

月　日

月　日

月　日

月　日

月　日

月　日

月　日

月　日

月　日

月　日

月　日

月　日

月　日

月　日

月　日

月　日

月　日

東京
雷門
浅草
NO.1

月　日

月　日

月　日

月　日

月　日

月　日

月　日

月　日

月　日

月　日

月　日

月　日

月　日

月　日

月　日

月　日

月　日

月　日

月　日

月　日

月　日